SELECCIÓN CULINARIA

COCINA VEGETARIANA

BLUME

Contenido

Glosario

SEMILLAS DE SÉSAMO NEGRAS: Cuando están frescas poseen un sabor terroso. Si se tuestan debe taparse el recipiente porque suelen saltar.

HABAS: Esta legumbre de piel gruesa y cuyo sabor recuerda al de los frutos secos tiene una textura cremosa. La piel dura que las recubre suele pelarse una vez cocinadas. Se pueden comprar frescas o congeladas. Si están frescas, desvaínelas antes de cocinarlas.

PASTA DE ANACARDOS: Los anacardos tostados se muelen para formar esta pasta. Puede prepararla en casa moliendo los frutos secos en el robot o en la picadora.

CORTEZA DE CASSIA: Esta especia procede de la corteza interior de un árbol de hoja perenne que crece en los trópicos. Se suele confundir con la canela y, de hecho, se puede sustituir por ella.

CONFITURA DE CHILE: Esta confitura agridulce se vende envasada en tiendas asiáticas. El grado de picante depende de la marca. Para preparar platos vegetarianos asegúrese de leer la etiqueta y elegir una que no contenga pasta de gambas.

SETAS CHINAS SECAS: Esta mezcla de setas posee un sabor inconfundible. Deben ponerse a remojar en agua hirviendo de 10 a 15 minutos antes de usarlas. Consérvelas en un recipiente herméticamente cerrado y guárdelo en un lugar fresco.

CHOY SUM: Los tallos de esta popular verdura china tienen un sabor un poco amargo. Las hojas también se consumen pero con menos frecuencia. Se conoce también como hoja de mostaza.

CREMA Y LECHE DE COCO: Ambas se extraen de la carne rallada del coco maduro. La crema se obtiene del primer prensado y la leche del segundo o tercer prensado. Cuando en una receta se utilice crema no agite la lata; utilice la porción más espesa depositada sobre la superficie.

CUSCÚS: Este cereal se procesa a partir de la sémola y está cubierto de harina de trigo. El cuscús instantáneo se cocina en sólo 5 minutos con agua hirviendo.

FIDEOS SECOS DE ARROZ: Una vez remojados estos fideos de arroz seco, finos y transparentes, adquieren una textura resbaladiza que absorbe muy bien el sabor de los ingredientes de la receta.

GHEE: Mantequilla sin sal clarificada que se utiliza en la cocina india. Tiene una temperatura crítica más elevada que otros aceites y grasas.

TORTITAS *GOW GEE*: Estas tortitas redondas se elaboran con harina de trigo y agua. Se suelen utilizar para cocer al vapor.

QUESO HALOUMI: Queso suave semi-duro de sabor salado elaborado a base de leche de oveja o cabra.

JUDÍAS BLANCAS: Estas pequeñas judías ovaladas tienen un sabor neutro que sin embargo absorbe el de otros ingredientes. Elija las que tengan la piel suave y un color blanco cremoso.

SHOSHOYU SALSA DE SOJA JAPONESA: Esta salsa es mucho más ligera y dulce que la salsa de soja china. Se fabrica con métodos naturales, por lo que es necesario conservarla en el frigorífico una vez abierta.

HOJAS DE LIMA (KAFFIR) O CAFRE: Estas hojas muy fragantes se utilizan en curries, ensaladas y sopas. Las hojas frescas se pueden congelar y las hojas secas se deben poner en remojo en agua hirviendo.

KECAP MANIS: Se emplea mucho en la cocina malasia e indonesa. Es una salsa de soja dulce y espesa. Si no la encuentra, utilice salsa de soja endulzada con un poquito de azúcar moreno.

QUESO KEFALOTYRI: Un queso duro, curado, elaborado con leche de oveja o de cabra escaldado muy duro. Tiene un sabor más suave que el queso parmesano.

LENTEJAS: Con muchas vitaminas, hay varios tamaños, variedades y colores. Rojas, verdes y marrones son las más comunes. Las verdes y las marrones se pueden sustituir entre sí en las recetas. No es necesario poner las lentejas en remojo antes de utilizarlas; quedan muy blandas si se cocinan demasiado.

MIRIN: Vino de arroz dulce con un bajo contenido en alcohol. Se utiliza mucho en la cocina japonesa.

MISO: Tofu fermentado con cereales que se dejan madurar y se oscurece paulatinamente. El shiro miso es un miso de color muy claro, casi dulce, muy adecuado para aliños de ensaladas.

LÁMINAS DE ALGA NORI: La forma más común de algas secas. Suelen venderse con sabor natural o tostadas (para que tengan más sabor). Las láminas, tan finas como papel, se suelen utilizar para preparar sushi.

AZÚCAR DE CAÑA: Disponible en bloques o en tarro en supermercados asiáticos. Se puede sustituir por azúcar moreno blando.

LIMONES EN CONSERVA: Especialidad de Marruecos; son limones cortados que se conservan en un tarro grande con sal y zumo de limón, y luego se refrigeran. Antes de usarlos, lávelos y quíteles las pepitas y la membrana blanca.

LENTEJAS DEL PUY: Estas lentejas son más pequeñas y gordas que las marrones o verdes. Son de color pizarra, con un sabor a pimienta y mantienen su forma durante la cocción.

TORTITAS U OBLEAS DE PAPEL DE ARROZ: Se reconocen por su estampación con motivos de cestería. Suelen ser redondas o cuadradas, se compran secas y pueden conservarse mucho tiempo aunque hay que tener cuidado de que no se rompan porque son muy finas. Antes de usarlas deben humedecerse cada una por separado con agua templada para que puedan colocarse unas sobre otras.

VINAGRE DE ARROZ: Elaborado a partir de vinagre y un extracto de arroz natural. El vinagre de arroz con especias es parecido pero se le ha añadido azúcar y sal.

SAKE: Vino de arroz japonés que se puede beber o utilizar en recetas.

FIDEOS SOBA: Elaborados con harina de alforfón, estos fideos se suelen encontrar secos y algunas veces frescos. Se pueden consumir fríos o calientes.

JUDÍAS DE SOJA: Estas judías ovaladas muy nutritivas son del tamaño de los guisantes. El tipo más común es el amarillo cremoso, pero se pueden encontrar también rojas o negras. Están disponibles frescas o secas, y necesitan más tiempo de cocción que otras legumbres.

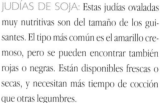

TAHINI: Pasta espesa hecha con semillas y aceite de sésamo. Tiene un sabor amargo.

TAMARI: Salsa de soja oscura fermentada de forma natural. Algunas variedades no contienen trigo.

TEMPEH: Parecido al tofu, el *tempeh* está elaborado con judías de soja fermentadas. Es bastante firme y adecuado para la mayoría de los platos.

TOFU

Tofu sedoso: Tofu muy suave que se utiliza en sopas. Al prepararlo hay que tener mucho cuidado para que no se rompa.

Tofu sedoso firme: Algo más duro que el tofu sedoso, conserva su forma un poco mejor. Se utiliza en sopas.

Tofu firme: Este tofu suave conserva su forma cuando se utiliza. Es adecuado para saltear, freír y hornear.

Tofu duro: Es un tofu firme y con una textura parecida al chicle que no se rompe cuando se cocina. Se utiliza para saltear, freír o como base para empanadas.

Tofu *tempeh*: Tofu y *tempeh* mezclados y prensados juntos. Se utiliza igual que el tofu firme.

Tofu frito en porciones: El tofu se orea y luego se fríe en abundante aceite. Se utiliza en salteados, curries y sopas.

SALSA VEGETARIANA DE OSTRAS:

Tiene un sabor parecido al de la salsa de ostras pero está elaborado con setas como ingrediente básico.

WAKAME: Alga marrón rizada con un suave sabor a verdura y de textura ligera. El wakame seco se puede utilizar en ensaladas o como verdura una vez hervido. Utilice poca cantidad porque suele aumentar hasta 10 veces su volumen. Puede sustituirlo por kombu u otras algas si lo desea.

WASABI: Procedente de la raíz comestible de una planta originaria de Japón. La raíz verde sin piel tiene un sabor muy fuerte, parecido al raitorte.

WON TON: Cuadrados finos de pasta elaborados con harina de trigo y yema de huevo.

GUISANTES AMARILLOS PARTIDOS: Guisante que se deja madurar y secar en la mata. Se suele pelar y partir. No es necesario ponerlos en remojo.

Si no puede encontrar alguno de estos ingredientes en el supermercado, recurra a una tienda especializada.

Huevos escalfados con aliño de yogur al ajo y espinacas

TIEMPO DE PREPARACIÓN: 10 minutos

TIEMPO DE COCCIÓN: 15 minutos

Para 4 personas

125 g de yogur de leche de oveja
1 diente de ajo pequeño picado
1 cucharada de cebollino fresco cortado
300 g de hojas de espinaca míni lavadas
30 g de mantequilla en trozos
sal de hierbas
4 tomates partidos por la mitad
1 cucharada de vinagre blanco
8 huevos
1 pan de centeno redondo cortado
　en 8 rebanadas gruesas

1 Para el aliño: Mezcle el yogur, el ajo y el cebollino.

2 Lave las espinacas y sin escurrirlas colóquelas en una cacerola grande. Cuézalas tapadas y a fuego lento de 3 a 4 minutos o hasta que estén blandas. Añada la mantequilla y sazone con la sal de hierbas. Reserve al calor. Ase los tomates al grill de 3 a 5 minutos.

3 Llene una cacerola con ¾ partes de agua fría y añada el vinagre y un poco de sal para que la clara de los huevos no se esparza. Caliente el agua por debajo del punto de ebullición. Casque con cuidado los huevos uno a uno en un cuenco pequeño y vaya deslizándolos en el agua, baje el fuego hasta que el agua apenas se agite y escáldelos de 1 a 2 minutos o hasta que los huevos estén cuajados. Saquelos del agua con una espumadera. Escúrralos.

4 Tueste el pan y cubra cada rebanada con espinacas, 1 huevo y un poco de salsa. Sirva acompañado con las mitades de tomate.

Cueza las espinacas hasta que estén blandas y agrégueles la mantequilla.

Escalde los huevos hasta que cuajen; sáquelos con una espumadera.

Tortitas de ricotta con yogur de cabra y peras

TIEMPO DE PREPARACIÓN: 15 minutos

TIEMPO DE COCCIÓN: 50 minutos

Para 4 personas

185 g de harina común
2 cucharaditas de levadura en polvo
2 cucharaditas de jengibre molido
2 cucharadas de azúcar blanquilla
4 huevos, claras y yemas separadas
350 g de ricotta bajo en calorías
1 pera pelada, descorazonada y rallada
315 ml de leche
3 peras sin pelar
40 g de mantequilla extra
1 cucharada de azúcar moreno
1 cucharadita de canela molida
200 g de yogur de cabra

1 Tamice el harina, la levadura, el jengibre y el azúcar en un cuenco y haga un agujero en el centro. Vierta las yemas de los huevos mezcladas con el queso ricotta, la pera rallada, la leche, y mezcle.

2 Bata las claras a punto de nieve y añádalas a la mezcla.

3 Derrita un poco de mantequilla en una sartén a fuego medio. Vierta 60 ml de la masa en la sartén y extiéndala formando una tortita. Fríala de 1 a 1 ½ minutos o hasta que se formen burbujas, déle la vuelta y cuézala por el otro lado 1 minuto o hasta que esté dorada. Repita con el resto de la mantequilla y la masa hasta obtener 11 tortitas más. Manténgalas calientes.

4 Corte las peras en lonchas gruesas longitudinales. Derrita la mantequilla extra en una sartén y añada azúcar y canela hasta que el azúcar se disuelva. Fría las peras por tandas dándoles la vuelta sólo una vez hasta que estén tiernas. Sirva torres de tortitas con las peras y el yogur.

Mezcle las yemas de los huevo, el ricotta, la pera y la leche con la harina.

Fría las tortitas hasta que formen burbujas y déles la vuelta.

Fría las peras en la mantequilla y gírelas para impregnarlas con la mezcla.

Tomates fritos con queso haloumi macerado

TIEMPO DE PREPARACIÓN: 15 minutos

+ 1 noche de maceración

TIEMPO DE COCCIÓN: 10 minutos

Para 4 personas

400 g de queso haloumi cortado en 8 trozos
de 1 cm de grosor
250 g de tomates cereza cortados por la mitad
250 g de tomates pera cortados por la mitad
1 diente de ajo picado
2 cucharadas de zumo de limón
1 cucharada de vinagre balsámico
2 cucharaditas de tomillo de limón fresco
60 ml de aceite de oliva vírgen extra
2 cucharadas de aceite de oliva
1 pan integral de calidad cortado
en 8 rebanadas gruesas

1 Ponga el queso haloumi y los tomates en una fuente no metálica. Mezcle el ajo, el zumo de limón, el vinagre, el tomillo y el aceite de oliva, y viértalos sobre el queso y los tomates. Cubra y macere 3 horas o toda la noche. Escurra y reserve el líquido.

2 Caliente el aceite de oliva en una sartén grande. Fría el queso por tandas a fuego medio 1 minuto por lado o hasta que esté dorado. Retírelo de la sartén y manténgalo caliente. Añada los tomates y cuézalos a fuego medio 5 minutos o hasta que la piel empiece a romperse. Sáquelos de la sartén y resérvelos al calor.

3 Tueste el pan hasta que esté dorado. Coloque el queso sobre una rebanada, ponga encima los tomates y vierta un poco del líquido de la maceración por encima. Sirva inmediatamente.

Vierta la maceración sobre el queso haloumi y los tomates.

Fría el queso hasta que esté dorado por ambos lados.

Fría los tomates hasta que la piel empiece a romperse.

Setas variadas en brioche

TIEMPO DE PREPARACIÓN: 15 minutos

TIEMPO DE COCCIÓN: 20 minutos

Para 6 personas

750 g de setas variadas (champiñones, shiitake, niscalos, de cardo, etc.)
75 g de mantequilla
4 cebollas tiernas picadas
2 dientes de ajo picados
125 ml de vino blanco seco
300 ml de crema de leche espesa
2 cucharadas de tomillo fresco picado
6 brioches pequeños

1 Precaliente el horno a 180 °C. Corte las setas más grandes en rodajas gruesas dejando las pequeñas enteras.

2 Caliente la mantequilla en una sartén grande a fuego medio. Añada las cebollas y el ajo, y sofríalos 2 minutos. Suba el fuego, añada las setas y fríalas, removiendo con frecuencia 5 minutos o hasta que estén tiernas y todo el líquido se haya evaporado. Vierta el vino y hierva 2 minutos para reducirlo un poco.

3 Añada la crema de leche y hiervala 5 minutos para reducirla y espesar un poco la salsa. Sazone con sal y pimienta recién molida. Añada el tomillo y deje reposar 5 minutos.

4 Corte un sombrero a los brioches y quite ¼ parte de la miga con los dedos. Ponga los brioches con sus sombreros sobre una placa de horno y caliéntelos 5 minutos.

5 Coloque cada brioche en un plato. Ponga las setas dentro dejando que la salsa caiga un poco por un lado. Coloque el sombrero y sirva caliente.

Corte las setas grandes en rodajas gruesas; deje las pequeñas enteras.

Cocine las setas, removiéndolas a menudo, hasta que estén tiernas.

Añada la crema y hierva la salsa hasta que espese.

Ricotta al horno con limones en conserva y tomates semisecos

TIEMPO DE PREPARACIÓN: 15 minutos

+ 10 minutos en reposo

TIEMPO DE COCCIÓN: 30 minutos

Para 8-10 personas

2 kg de ricotta firme
aceite de oliva en vaporizador
2 dientes de ajo picados
1 limón en conserva lavado, sin pepitas
  ni membranas, en tiras finas
150 g de tomates semisecos al sol cortados
  en trozos grandes
30 g de perejil finamente picado
50 g de hojas de cilantro fresco picado
80 ml de aceite de oliva vírgen extra
60 ml de zumo de limón

1 Precaliente el horno a 250 °C. Coloque el ricotta en una fuente de horno forrada con papel sulfurizado, vaporice ligeramente con el aceite y hornee de 20 a 30 minutos o hasta que esté dorado. Déjelo reposar 10 minutos y páselo a una fuente grande con una espumadera. Si es posible, que alguien le ayude a transferir el queso a la fuente.

2 Mientras tanto mezcle en un cuenco el ajo, el limón en conserva, los tomates semisecos, el perejil, el cilantro, el aceite y el zumo de limón.

3 Vierta con una cuchara el aliño sobre el queso asado y acompañe con pan crujiente.

Quite la carne del limón y corte la piel en tiras finas.

Mezcle todos los ingredientes en un cuenco.

Vierta el aliño sobre el queso asado.

Pastelitos de verduras con feta y pesto

TIEMPO DE PREPARACIÓN: 40 minutos

TIEMPO DE COCCIÓN: 30 minutos

Para 4 personas

25 g de mantequilla
2 dientes de ajo picados
150 g de espárragos sin puntas cortados
    en trozos de 2 cm
1 zanahoria cortada en juliana
1 calabacín cortado en juliana
1 pimiento rojo cortado en juliana
6 cebollas tiernas cortadas finas en diagonal
80 g de queso feta suave desmenuzado
8 láminas de pasta filo
60 g de mantequilla derretida
80 g de pesto de calidad listo para usar
2 cucharaditas de semillas de sésamo

1 Precaliente el horno a 200 °C. Caliente la mantequilla en una sartén grande, añada el ajo y las verduras. Fría a fuego medio de 3 a 4 minutos o hasta que estén tiernas. Déjelas enfriar completamente y añádales el queso feta. Divida la mezcla en 4 partes iguales.

2 Trabaje con 4 láminas de la pasta al mismo tiempo, y mantenga el resto cubiertas con un paño húmedo. Pincele cada lámina con la mantequilla y colóquelas unas sobre otras. Córtelas por la mitad y ponga 1 cucharada de pesto en el centro de cada mitad, dejando un borde de 2 cm alrededor. Coloque 1 porción del relleno encima del pesto. Repita con el resto: pasta, pesto y relleno.

3 Pincele con mantequilla los bordes de la pasta, dóblelos hacia dentro y envuelva desde los lados para formar 4 paquetitos. Colóquelos en una placa para horno engrasada, con la unión hacia abajo, pincele con el resto de la mantequilla y esparza por encima las semillas de sésamo. Hornéelos de 20 a 25 minutos o hasta que estén dorados. Córtelos por la mitad en diagonal y sirva bien caliente con chutney de tomate.

Cueza el ajo y las verduras a fuego medio hasta que estén tiernas.

Cubra el pesto con una parte del relleno.

Doble los extemos de la pasta hacia dentro y enrolle.

19

Hogaza mediterránea rellena

TIEMPO DE PREPARACIÓN: 45 minutos
+ 30 minutos de reposo + 1 noche en el frigorífico
TIEMPO DE COCCIÓN: 30 minutos

Para 6 personas

2 berenjenas
2 pimientos rojos grandes
500 g de boniatos cortados en rodajas finas
4 calabacines cortados en lonchas
   longitudinales de 1 cm
80 ml de aceite de oliva
1 hogaza redonda de 23 cm
165 g de pesto de calidad listo para usar
200 g de queso ricotta
35 g de queso parmesano rallado

1 Corte las berenjenas en lonchas
longitudinales de 1 cm y póngalas
en un colador. Espolvoréelas con
sal y déjelas reposar 30 minutos.
A continuación, lávelas.

2 Cuartee los pimientos, quíteles
las semillas y la membrana blanca.

Aselos bajo el grill a temperatura alta, con la piel
hacia arriba hasta que empiecen a chamuscarse
y le salgan burbujas a la piel. Déjelos enfriar y
pélelos. Pincele las berenjenas con aceite, así como
los calabacines y los boniatos, y áselos a la parrilla
o a la barbacoa hasta que estén dorados.

3 Corte la parte superior de la hogaza. Quite la
miga de pan y deje una corteza de 1 cm. Pincele
el interior del pan y de la tapa con el pesto. Ponga
1 capa de calabacines y pimiento rojo dentro de
la hogaza y esparza por encima la mezcla de queso
ricotta y parmesano. Añada otra capa de berenjena
y boniato y presione un poco. Vuelva a colocar
la tapa.

4 Cubra la hogaza con película de plástico y póngala
sobre una placa para horno. Ponga otra placa encima
de la hogaza y coloque encima unas latas para que
hagan presión. Reserve en el frigorífico 1 noche.

5 Precaliente el horno a 250 °C. Desenvuelva la hogaza
y hornéela 10 minutos o hasta que esté crujiente.
Corte en cuñas antes de servir.

Ase la berenjena, el boniato y el
calabacín a la parilla hasta dorarlos.

Quite la miga de la hogaza y deje
una corteza gruesa.

Ponga una capa de berenjenas
y boniato sobre los ingredientes.

Tortitas de maíz y polenta con salsa de tomate

TIEMPO DE PREPARACIÓN: 15 minutos

TIEMPO DE COCCIÓN: 10 minutos

Para 4 personas

Salsa de tomate

2 tomates maduros
150 g de habas congeladas
2 cucharadas de albahaca fresca picada
1 pepino pequeño cortado en cuadraditos
2 dientes de ajo pequeños picados
1 ½ cucharadas de vinagre balsámico
1 cucharada de aceite de oliva vírgen extra

Tortitas de maíz y polenta

90 g de harina con levadura
110 g de polenta fina
250 ml de leche
310 g de maíz enlatado y escurrido
aceite de oliva para freír

1 Haga un corte en forma de cruz en la base de cada tomate y sumérjalos en agua hirviendo 30 segundos. Páselos por agua fría y pélelos a partir de la cruz. Córtelos en cuadraditos. Vierta agua hirviendo sobre las habas y déjelas reposar de 2 a 3 minutos. Lávelas, escúrralas y pélalas. Mezcle las habas, el tomate, la albahaca, el pepino, el ajo, el vinagre y el aceite.

2 Para las tortitas: Tamice la harina sobre un cuenco y añada la polenta. Imcorpore la leche y el maíz, y remueva hasta que estén mezclados; añada más leche si la masa fuese demasiado seca. Sazone.

3 Caliente el aceite en una sartén y con una cuchara vierta la mitad de la masa, formando 4 tortitas de 9 cm. Cuézalas 2 minutos por lado, o hasta que estén doradas y cocidas por dentro. Repita la operación con el resto de la masa, añadiendo más aceite si fuese necesario. Sirva con la salsa.

Pele las habas después de escaldarlas.

Añada la leche con el maíz a la mezcla de harina y polenta.

Fría las tortitas 2 minutos por lado, o hasta que estén doradas.

Frutos secos variados con tamari

TIEMPO DE PREPARACIÓN: 5 minutos

+ 10 minutos de reposo

TIEMPO DE COCCIÓN: 25 minutos

Para 10-12 personas

250 g de frutos secos variados
  (almendras, pacanas, cacahuetes, nueces)
125 g de pepitas
125 g de pepitas de girasol
125 g de anacardos
125 g de nueces de Macadamia
125 ml de tamari

1 Precaliente el horno a 140 °C. Engrase ligeramente 2 placas para horno.

2 Coloque los frutos secos variados, las pepitas, los anacardos y las nueces de Macadamia en un cuenco grande. Vierta el tamari por encima y mezcle para que se recubran de forma uniforme. Deje reposar 10 minutos.

3 Esparza la mezcla en las placas engrasadas y hornee de 20 a 25 minutos o hasta que los frutos y las pepitas estén tostados. Déjelas enfriar completamente y almacénelos en un recipiente hermético hasta 2 semanas. Sirva como aperitivo.

Mezcle el tamari con los frutos secos y las pepitas.

Esparza la mezcla en las 2 placas engrasadas.

Hornee de 20 a 25 minutos hasta que estén tostados.

Tostadas de berenjena con cilantro

TIEMPO DE PREPARACIÓN: 20 minutos

TIEMPO DE COCCIÓN: 30 minutos

Para 4 personas

1 berenjena pequeña cortada en dados
½ pimiento rojo cortado en dados
½ cebolla roja cortada en tiras finas
2 cucharadas de aceite de oliva
1 diente de ajo grande picado
1 pan de leña cortado en 12 rebanadas
   de 1,5 cm
1 tomate maduro pequeño partido
   por la mitad
2 cucharadas de menta fresca picada
2 cucharadas de raíz, hojas y tallos de cilantro
   fresco picado
50 g de almendras fileteadas tostadas

1 Precaliente el horno a 240 °C. Coloque la berenjena, el pimiento, la cebolla y el aceite en un cuenco grande y mezcle hasta que estén impregnadas de aceite. Coloque 1 capa de hortalizas en una fuente refractaria grande formando 1 sola capa. Hornee 15 minutos, déles la vuelta y hornee 10 minutos más o hasta que estén tiernas. Páselas a un cuenco, añada el ajo y sazone.

2 Hornee el pan en una placa para horno 4 minutos o hasta que esté crujiente. Frote las rebanadas con los tomates cortados, apretando fuerte el tomate para que desprenda todo su jugo y luego corte la pulpa. Añádalo a las hortalizas junto con las hierbas.

3 Ponga las hortalizas sobre el pan y esparza por encima las almendras fileteadas. Sirva inmediatamente.

Coloque las hortalizas en una fuente refractaria grande.

Ponga las hortalizas y el ajo en un cuenco y mezcle.

Frote el tomate por encima de las rebanadas de pan.

Tortilla de hortalizas con hummus y aceitunas negras

TIEMPO DE PREPARACIÓN: 35 minutos

+ tiempo para enfriar

TIEMPO DE COCCIÓN: 40 minutos

Para 30 porciones

2 pimientos rojos grandes
600 g de boniatos cortadas en rodajas de 1 cm
60 ml de aceite de oliva
2 puerros cortados en rodajas finas
2 dientes de ajo picados
250 g de calabacines cortados en rodajas finas
500 g de berenjenas cortadas en rodajas de 1 cm
8 huevos ligeramente batidos
2 cucharadas de albahaca fresca finamente
   picada
125 g de queso parmesano rallado
20 g de hummus comercial
aceitunas negras deshuesadas y cortadas
   por la mitad, para decorar

1 Corte los pimientos en trozos grandes, quitando las semillas y la membrana blanca del interior. Colóquelos con el lado de la piel bajo el grill hasta que se chamusquen y le salgan burbujas. Déjelos enfriar dentro de una cuenco de plástico. Pélelos.

2 Hierva el boniato en agua de 4 a 5 minutos o hasta que esté tierno. Escúrralo.

3 Caliente 1 cucharada de aceite en una sartén redonda y honda de 23 cm y añada el puerro y el ajo; fría a fuego medio 1 minuto. Añada el calabacín y fría 2 minutos más, luego retírelos.

4 Caliente el resto del aceite y fría la berenjena por tandas de 2 minutos por lado o hasta que esté dorada. Ponga en la sartén una capa con la mitad de la berenjena y el puerro. Cubra con el pimiento, el resto de la berenjena y el boniato.

5 Mezcle los huevos, la albahaca, el queso parmesano y la pimienta. Vierta sobre las hortalizas. Deje cocer a fuego lento 15 minutos, o hasta que casi estén hechas. Coloque la sartén bajo el grill de 2 a 3 minutos más, hasta que la superficie esté dorada. Deje enfriar y desmolde sobre una tabla. Corte en 30 cuadrados y ponga encima hummus y media aceituna.

Ponga una capa de los pimientos sobre la mezcla de puerro y calabacín.

Cubra con la mezcla de huevo las hortalizas.

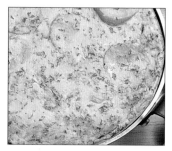

Coloque la sartén bajo el grill hasta que se dore.

Tempura vegetal con mayonesa de wasabi

TIEMPO DE PREPARACIÓN: 20 minutos

TIEMPO DE COCCIÓN: 20 minutos

Para 4-6 personas

2 yemas de huevo
250 g de soda helada o agua con gas
30 g de maicena
110 g de harina común
40 g de semillas de sésamo tostadas
aceite para freír
1 berenjena pequeña cortada en rodajas finas
1 cebolla grande cortada en rodajas finas,
   con los aros enteros
300 g de boniato cortado en rodajas finas

Mayonesa de wasabi

2 cucharadas de mayonesa
2 cucharaditas de pasta de wasabi
½ cucharadita de ralladura de lima

1 Para la mayonesa de wasabi, combine todos los ingredientes en un cuenco, cubra con película de plástico y meta en el frigorífico.

2 Ponga las yemas y la soda en una jarra y bata un poco. Tamice la maicena y la harina sobre un cuenco. Añada las semillas de sésamo, espolvoree con bastante sal y mezcle. Vierta la mezcla de soda y huevos sobre la harina y remueva un poco con palillos o con un tenedor hasta que todo esté mezclado pero aún queden grumos.

3 Vierta en una sartén profunda de base gruesa o en un wok ⅓ de aceite y caliente hasta que al agregar un trocito de pan se fría en 15 segundos. Sumerja 2 trozos de distintas verduras, como berenjena y cebolla o berenjena y boniato, en la masa y fríalos de 3 a 4 minutos o hasta que estén dorados y cocidos. Escurra sobre papel de cocina y sazone. Manténgala calientes pero sin tapar para que no se ablanden.

4 Pase el tempura a una fuente caliente y sirva inmediatamente con la mayonesa de wasabi.

Mezcle ligeramente la soda y las yemas con la mezcla de harina.

Sumerja 2 tipos de hortalizas en la masa.

Fría en abundante aceite hasta que estén doradas y bien cocidas.

Empanadillas de tofu

TIEMPO DE PREPARACIÓN: 30 minutos

+ 4 horas en el frigorífico

TIEMPO DE COCCIÓN: 20 minutos

Para 4 personas

150 g de tofu firme

2 cebollas tiernas picadas

2 cucharaditas de hojas de cilantro fresco
  picado

½ cucharadita de naranja rallada

2 cucharaditas de salsa de soja

1 cucharada de salsa de chile dulce

2 cucharaditas de jengibre fresco rallado

1 cucharadita de maicena

60 g de azúcar

125 ml de vinagre de vino especiado

1 pepino pequeño en dados

1 chile pequeño en rodajas finas

1 cebolla tierna, extra, cortada en diagonal
  en rodajas finas

2 láminas de pasta hojaldrada

1 huevo ligeramente batido

1 Escurra el tofu, séquelo con papel de cocina
con unos golpecitos y córtelo en dados de 1 cm.

2 Ponga la cebolla tierna, el cilantro, la ralladura,
la salsa de soja y de chile, el jengibre, la maicena y
el tofu en un cuenco y mezcle ligeramente. Tápelo
y métalo en el frigorífico de 3 a 4 horas.

3 Ponga el azúcar y el vinagre en un cazo pequeño
y remueva a fuego lento hasta que el azúcar
se disuelva. Retírelo del fuego y añada el pepino,
el chile y la cebolla extra. Deje enfriar.

4 Precaliente el horno a 220 °C. Corte las láminas
de pasta en 4 cuadrados. Escurra el relleno y divídalo
en 8 porciones. Coloque una porción en el centro
de cada cuadrado de pasta y pase un pincel por los
bordes con el huevo. Forme empanadillas triangulares
y selle los bordes con un tenedor.

5 Ponga las empanadillas en 2 fuentes para horno
forradas con papel sulfurizado y pincele los extremos
con huevo antes de hornearlas 15 minutos.
Sírvalas con la salsa.

*Mezcle con cuidado el tofu y el resto
de los ingredientes en un cuenco.*

*Retire la cacerola del fuego; añada
la cebolla tierna, el pepino y el chile.*

*Doble la pasta sobre el relleno y selle
los bordes con un tenedor.*

Terrinas individuales de hortalizas con salsa de tomate especiada

TIEMPO DE PREPARACIÓN: 40 minutos

TIEMPO DE COCCIÓN: 50 minutos

Para 4 personas

125 ml de aceite

2 calabacines cortados en lonchas diagonales

500 g de berenjenas cortadas en rodajas

1 hinojo en rodajas

1 cebolla roja en rodajas

300 g de queso ricotta

50 g de queso parmesano

1 cucharada de perejil picado

1 cucharada de cebollino fresco picado

1 pimiento rojo y 1 pimiento amarillo asados
   al grill, pelados y cortados en trozos grandes

Salsa de tomate picante

1 cucharada de aceite

1 cebolla finamente picada

2 dientes de ajo picados

1 chile rojo sin semillas y picado

425 g de tomate picado enlatado

2 cucharadas de tomate concentrado

1 Caliente 1 cucharada de aceite en una sartén grande. Fría las hortalizas por tandas a fuego vivo 5 minutos. Escúrralas por separado sobre papel de cocina.

2 Precaliente el horno a 200 °C. Mezcle los quesos y las hierbas. Sazone.

3 Engrase ligeramente y forre con papel sulfurizado 4 moldes individuales de 315 ml. Forme una base en el molde con la mitad de la berenjena. Continúe disponiendo en capas el calabacín, el pimiento, la mezcla de quesos, el hinojo y la cebolla. Cubra con el resto de la berenjena y presione. Hornee de 10 a 15 minutos. Espere 5 minutos antes de desmoldar.

4 Para la salsa: Caliente el aceite en una sartén y fría la cebolla y el ajo de 2 a 3 minutos. Añada el chile, los tomates y el tomate concentrado y deje cocer a fuego lento 5 minutos o hasta que la salsa espese. Tritúrela en el robot. Devuélvala a la sartén para que se mantenga caliente. Viértala sobre las terrinas, desmoldadas.

Ase los pimientos bajo el grill hasta que se chamusquen y córtelos en trozos.

Ponga el hinojo sobre la mezcla de quesos y añada una capa de cebolla.

Cueza la salsa a fuego lento 5 minutos o hasta que espese.

Bhajis de cebolla con salsa de tomate especiada

TIEMPO DE PREPARACIÓN: 30 minutos
TIEMPO DE COCCIÓN: 35 minutos
Para unas 25 porciones

125 g de harina común
2 cucharaditas de levadura en polvo
½ cucharadita de chile en polvo
½ cucharadita de cúrcuma molida
1 cucharadita de comino molido
2 huevos batidos
50 g de hojas de cilantro fresco picado
4 cebollas en rodajas muy finas
aceite para freír

Salsa de tomate especiada

2-3 chiles picados
1 pimiento rojo en dados
425 g de tomates picados enlatados
2 dientes de ajo finamente picados
2 cucharadas de azúcar moreno
1 ½ cucharadas de vinagre de sidra

1 Mezcle los ingredientes de la salsa con 60 ml de agua en un cazo. Lleve a ebullición, reduzca el fuego y deje cocer a fuego lento 20 minutos o hasta que la salsa se espese. Retírela del fuego.

2 Para los *bhajis*: tamice la harina, la levadura, las especias y 1 cucharadita de sal en un cuenco y haga un hueco en el centro. Añada poco a poco el huevo mezclado con 60 ml de agua sin dejar de batir, hasta conseguir una masa fina. Añádale el cilantro y la cebolla.

3 Llene una sartén de fondo grueso con ⅓ de aceite y caliéntelo hasta que al agregar un trocito de pan éste se fríe en 15 segundos. Con 1 cuchara de postre, eche porciones de la masa en el aceite y fríalos 90 segundos por lado o hasta que estén doradas. Escurra y sirva con la salsa.

Con un cuchillo afilado corte las cebollas en rodajas muy finas.

Mezcle la masa con el cilantro y la cebolla.

Vierta en el aceite la masa por tandas hasta dorarlas.

Limosneras de boniato con lentejas

TIEMPO DE PREPARACIÓN: 45 minutos

TIEMPO DE COCCIÓN: 55 minutos

Para 32 porciones

2 cucharadas de aceite de oliva

1 puerro grande finamente picado

2 dientes de ajo picados

125 g de champiñones pequeños picados

2 cucharaditas de comino molido

2 cucharaditas de cilantro molido

100 g de lentejas marrones o verdes

125 g de lentejas rojas

500 ml de caldo de verduras

300 g de boniato en dados

4 cucharadas de hojas de cilantro fresco
   finamente picadas

8 láminas de pasta de hojaldre

1 huevo ligeramente batido

½ puerro, extra, cortado en tiras de 5 mm
   de ancho

200 g de yogur natural

2 cucharadas de pepino rallado

½ cucharadita de azúcar moreno

1 Precaliente el horno a 200 °C. Caliente el aceite en una sartén a fuego medio y sofría el puerro de 2 a 3 minutos. Añada el ajo, las setas, el comino y el cilantro y sofría 1 minuto o hasta que se desprenda un agradable aroma.

2 Agregue ambas lentejas y el caldo, y lleve a ebullición. Baje el fuego y deje cocer a fuego lento de 20 a 25 minutos, removiendo de vez en cuando. Añada el boniato en los últimos 5 minutos. Pase la mezcla a un cuenco y añada las hojas de cilantro. Sazone al gusto. Deje enfriar.

3 Corte las láminas de pasta en 4 cuadrados. Coloque 1 ½ cucharada del relleno en el centro y una los bordes hacia arriba formando una bolsita. Pince los bordes y átelos con un bramante. Pincele la pasta con huevo y coloque las limosneras en una placa para horno. Hornee de 20 a 25 minutos o hasta que estén hinchadas y doradas.

4 Sumerja las tiras de puerro en agua hirviendo 30 segundos. Retire el bramante y vuelva a atar las limosneras con una tira de puerro. Mezcle el yogur, el pepino y el azúcar en un cuenco. Sirva con las bolsitas.

Transfiera la preparación a un cuenco y mezcle con las hojas de cilantro.

Distribuya el relleno en el centro, forme una bolsita y átela.

Blanquee las tiras de puerro 30 segundos en agua hirviendo.

Kebabs de hortalizas y tofu

TIEMPO DE PREPARACIÓN: 40 minutos

+ 30 minutos de maceración

TIEMPO DE COCCIÓN: 30 minutos

Para 4 personas

500 g de tofu firme cortado en dados de 2 cm
1 pimiento rojo cortado en dados de 2 cm
3 calabacines cortados en rodajas de 2 cm
4 cebollas pequeñas cuarteadas
300 g de champiñones pequeños cuarteados
125 ml de tamari
125 ml de aceite de sésamo
30 g de jengibre pelado y rallado
175 g de miel
1 cucharada extra de aceite de sésamo
1 cebolla pequeña finamente picada
1 diente de ajo picado
2 cucharaditas de pasta de chile
250 g de mantequilla de cacahuete
250 ml de leche de coco
1 cucharada de azúcar moreno
1 cucharada extra de tamari
1 cucharada de zumo de limón
40 g de cacahuetes tostados y picados
40 g de semillas de sésamo tostadas

1 Precaliente el horno a 220 ºC. Ponga a remojar 12 broquetas de bambú 2 horas. Ensarte el tofu, el pimiento, el calabacín, la cebolla y las setas en las broquetas. Colóquelas en una fuente plana.

2 Combine el tamari, el aceite, el jengibre y la miel en un cuenco no metálico. Vierta sobre las broquetas. Déjelas reposar 30 minutos. Aselas a la barbacoa o a la parrilla de 10 a 15 minutos, rociándolas con su jugo y dándoles la vuelta, o hasta que estén tiernas. Manténgalas al calor.

3 Caliente el aceite extra en una sartén a fuego medio y fría la cebolla, el ajo y la pasta de chile de 1 a 2 minutos o hasta que la cebolla esté blanda. Reduzca el fuego y añada la mantequilla de cacahuete, la leche de coco, el azúcar, el tamari extra y el zumo de limón. Lleve a ebullición, reduzca el fuego y deje cocer a fuego lento 10 minutos o hasta que la salsa espese. Añada los cacahuetes. Si estuviera demasiado espesa, añada agua.

4 Vierta la salsa de cacahuetes sobre las broquetas y espolvoree con semillas de sésamo.

Moussaka de champiñones

TIEMPO DE PREPARACIÓN: 20 minutos

TIEMPO DE COCCIÓN: 1 hora

Para 4-6 personas

250 g berenjenas cortadas en rodajas de 1 cm
1 patata grande cortada en rodajas de 1 cm
30 g de mantequilla
1 cebolla finamente picada
2 dientes de ajo finamente picados
500 g de champiñones cortados en rodajas
400 g de tomate triturado enlatado
½ cucharadita de azúcar
40 g extra de mantequilla
40 g de harina común
500 ml de leche
1 huevo ligeramente batido
40 g de queso parmesano rallado

1 Precaliente el horno a 220 °C. Forre una placa para horno con papel de aluminio y pincélela con aceite. Coloque la berenjena y la patata formando una sola capa y sazone. Hornee 20 minutos.

2 Derrita la mantequilla en un sartén a fuego medio. Sofría la cebolla, removiéndola de 3 a 4 minutos o hasta que esté blanda. Añada el ajo y sofríalo 1 minuto. Suba el fuego al máximo, añada las setas y remueva de 2 a 3 minutos o hasta que estén tiernas. Añada el tomate, baje el fuego y deje cocer a fuego medio 8 minutos o hasta que se reduzca. Añada el azúcar.

3 Derrita el resto de la mantequilla en un cazo a fuego lento. Añada la harina y sofríala 1 minuto o hasta que esté pálida y empiece a formarse espuma. Retire el cazo del fuego y añada la leche poco a poco. Vuelva a poner el cazo al fuego removiendo hasta que la salsa hierva y espese. Retire del fuego y, cuando dejen de formarse burbujas, añada el huevo y el queso parmesano.

4 Reduzca la temperatura del horno a 180 °C. Engrase una fuente refractaria poco profunda de 1,5 litros. Añada ⅓ de la mezcla de setas. Cubra con la patata, la mitad de las setas restantes y la berenjena. Por último, ponga las setas que quedan, vierta por encima la salsa y alise la superficie. Hornee de 30 a 35 minutos o hasta que aparezcan burbujas en los bordes. Deje reposar 10 minutos y sirva.

Añada el azúcar a la preparación cuando empiece a espesarse.

Retire el cazo del fuego y añada el huevo y el queso parmesano.

Cubra la mezcla de setas con las patatas.

Hamburguesas de tofu

TIEMPO DE PREPARACIÓN: 25 minutos

+ 30 minutos en el frigorífico

TIEMPO DE COCCIÓN: 30 minutos

Para 6 personas

1 cucharada de aceite de oliva
1 cebolla roja finamente picada
200 g de champiñones finamente picados
350 g de tofu duro
2 dientes de ajo grandes
3 cucharadas de albahaca fresca finamente
   picada
200 g de pan rallado integral seco
1 huevo ligeramente batido
2 cucharadas de vinagre balsámico
2 cucharadas de salsa de chile dulce
150 g de pan integral seco y rallado
aceite de oliva para freír
6 panecillos de pan blanco o integral
125 g de mayonesa de huevo
100 g de tomates semisecos al sol
60 g de roqueta
salsa de chile dulce, como acompañamiento
   (opcional)

1 Caliente el aceite en un sartén y fría la cebolla a fuego medio de 2 a 3 minutos. Añada las setas y fríalas 2 minutos más. Deje enfriar un poco.

2 Mezcle 250 g de tofu con el ajo y la albahaca en un robot hasta obtener una mezcla homogénea. Transfiérala a un cuenco grande y añada la mezcla de cebolla, el pan rallado, el huevo, el vinagre y la salsa de chile dulce. Ralle el resto del tofu e incorpórelo a la mezcla; refrigere 30 minutos. Reparta la masa en 6 porciones, presiónelas con las palmas de las manos y páselas por pan rallado.

3 Caliente aceite de oliva en una sartén y fría las hamburguesas en 2 tandas de 4 a 5 minutos por lado o hasta que estén doradas. Déles la vuelta con cuidado para evitar que se rompan. Cuando estén cocidas, póngalas en un plato sobre papel de cocina para escurrir el exceso de grasa, y sazónelas.

4 Tueste los panecillos. Para preparar las hamburguesas: Extienda la mayonesa por ambas caras. Ponga en la parte inferior una capa de tomate semiseco, 1 hamburguesa y hojas de roqueta. Vierta un poco de salsa de chile y cubra con la parte superior del panecillo.

Mezcle el tofu, el ajo y la albahaca en una robot y triture.

Ralle el resto del tofu e incorpórelo a la mezcla anterior.

Dé la vuelta a las hamburguesas con cuidado con una espumadera.

Salteado de fideos udon

TIEMPO DE PREPARACIÓN: 15 minutos

TIEMPO DE COCCIÓN: 10 minutos

Para 4 personas

500 g de fideos udon frescos
1 cucharada de aceite
6 cebollas tiernas cortadas en trozos grandes
3 dientes de ajo picados
1 cucharada de jengibre fresco rallado
2 zanahorias cortadas en trozos de 5 cm
150 g de tirabeques cortados por la mitad en
    diagonal
100 g de brotes de soja
500 g de choy sum cortado en trozos de 5 cm
2 cucharadas de salsa de soja japonesa
2 cucharadas de mirin
2 cucharadas de *kecap manis*
2 láminas de alga nori tostada cortada
    en tiras finas

1 Vierta los fideos en una cacerola con agua hirviendo
y cuézalos 5 minutos o hasta que estén blandos.
Escúrralos y enjuáguelos con el agua caliente.

2 Vierta el aceite en el wok caliente, añada
la cebolla tierna, el ajo y el jengibre. Saltee
a fuego vivo de 1 a 2 minutos o hasta que
estén tiernos. Añada la zanahoria, los tirabeques,
1 cucharada de agua y remueva. Tape y cueza
de 1 a 2 minutos, o hasta que se ablanden un poco.

3 Añada los fideos, los brotes de soja, el choy sum,
la salsa de soja, el mirin y el *kecap manis*, y remueva
hasta que el choy sum esté blando y cubierto con
la salsa. Añada el alga nori justo antes de servir.

Corte las láminas de nori tostado
y en tiras muy finas.

Hierva los fideos udon hasta
que estén suaves y sin apelmazar.

Saltee las verduras, los fideos y las
salsas hasta que estén mezclados.

Ravioles de boniato

TIEMPO DE PREPARACIÓN: 45 minutos
TIEMPO DE COCCIÓN: 1 hora 10 minutos
Para 6 personas

500 g de boniato cortado en trozos grandes
60 ml de aceite de oliva
150 g de queso ricotta
1 cucharada de albahaca fresca picada
1 diente de ajo picado
2 cucharadas de queso parmesano rallado
2 paquetes de 250 g de *won ton* de huevo
50 g de mantequilla
4 cebollas tiernas cortadas en diagonal
2 dientes de ajo picado
300 ml de crema de leche
hojas de albahaca para acompañar

1 Precaliente el horno a 220 °C. Coloque los trozos de boniato en una fuente para horno y rocíelos con aceite. Hornee 40 minutos o hasta que estén tiernos.

2 Transfiera los boniatos a un cuenco con el queso ricotta, la albahaca, el ajo y el queso parmesano rallado, y redúzca a puré.

3 Cubra los *won ton* con un paño húmedo. Ponga 2 cucharaditas rasas de boniato en el centro de cada uno, pincele los bordes con un poco de agua y cierre a modo de ravioli. Colóquelos en una placa para horno forrada con papel sulturizado y cubra con un paño. Repita la operación con el resto de ingredientes hasta obtener 60 ravioles, colocando 1 hoja de papel entre cada capa.

4 Derrita la mantequilla en una sartén. Añada la cebolla tierna y el ajo y sofríalos 1 minuto a fuego medio. Añada la crema de leche, lleve a ebullición, reduzca el fuego y deje cocer a fuego lento de 4 a 5 minutos o hasta que la crema se reduzca y espese. Mantenga caliente.

5 Ponga a hervir agua en una cacerola. Cueza los ravioles de 2 a 4 minutos o hasta que estén tiernos. Escúrralos y repártalos en los platos. Vierta la salsa caliente por encima y decore con las hojas de albahaca. Sirva inmediatamente.

Rocíe el boniato con aceite y hornéelo hasta que esté dorado.

Envuelva el relleno con la masa.

Hierva la salsa a fuego lento hasta que se espese.

Ensalada templada de pasta con pesto

TIEMPO DE PREPARACIÓN: 20 minutos

TIEMPO DE COCCIÓN: 20 minutos

Para 4 personas

500 g de pasta en forma de conchas u *orecchiette*
2 cucharadas de aceite de oliva
150 g de alcaparras escurridas y secadas
2 cucharadas de aceite de oliva vírgen extra
2 dientes de ajo picados
3 tomates sin semillas cortados en dados
300 g de espárragos finos cortados
   por la mitad y blanqueados
2 cucharadas de vinagre balsámico
200 g de roqueta cortada en trozos de 3 cm
queso parmesano en virutas

Pesto

2 dientes de ajo picados
1 cucharadita de sal marina
40 g de piñones tostados
60 g de albahaca fresca
50 g de queso parmesano rallado
80 ml de aceite de oliva vírgen extra

1 Para el pesto: ponga el ajo, la sal marina y los piñones en un robot y triture hasta que estén mezclados. Añada la albahaca y el queso parmesano y triture. Con el motor en marcha añada el aceite en forma de chorrito fino y mezcle hasta obtener una salsa homogénea.

2 Hierva la pasta en una cacerola grande con agua hirviendo hasta que esté *al dente* y escúrrala.

3 Mientras tanto caliente el aceite en una sartén, añada las alcaparras y fríalas a fuego vivo, removiendo de vez en cuando, de 4 a 5 minutos o hasta que estén crujientes. Retírelas de la sartén y escúrralas sobre papel de cocina.

4 En la misma sartén caliente aceite de oliva a fuego medio y añada el ajo, el tomate y los espárragos. Saltéelos de 1 a 2 minutos o hasta que estén calientes, removiendo continuamente. Agregue el vinagre balsámico.

5 Escurra la pasta y transfiérala a un cuenco de servicio grande. Añada el pesto y mézclelo con la pasta. Deje enfriar un poco. Añada la mezcla de tomate y la roqueta, y sazone al gusto con sal y pimienta negra. Remueva y espolvoree con las alcaparras y el queso parmesano.

Fría las alcaparras a fuego vivo hasta que estén crujientes.

Añada el pesto y mézclelo con la pasta.

Sopa de garbanzos con albóndigas de hierbas

TIEMPO DE PREPARACIÓN: 30 minutos

TIEMPO DE COCCIÓN: 35 minutos

Para 4 personas

1 cucharada de aceite

1 cebolla picada

2 dientes de ajo picados

2 cucharaditas de comino molido

1 cucharadita de cilantro molido

¼ cucharadita de chile en polvo

2 botes de 300 g de garbanzos escurridos

875 ml de caldo de verduras

2 latas de 425 g de tomate triturado

1 cucharada de hojas de cilantro fresco picado

125 g de harina con levadura

25 g de mantequilla troceada

2 cucharadas de queso parmesano rallado

2 cucharadas de hierbas frescas variadas y picadas (perejil, hojas de cilantro y cebollino)

60 ml de leche

1 Caliente el aceite en una sartén y fría la cebolla a fuego medio de 2 a 3 minutos o hasta que esté blanda. Añada el ajo, el comino, el cilantro molido y el chile, y fría 1 minuto o hasta que se desprendan los aromas de las especias. Añada los garbanzos, el caldo y el tomate. Lleve a ebullición; a continuación baje el fuego y deje cocer a fuego lento y con el recipiente tapado 10 minutos. Añada el cilantro.

2 Para las albóndigas: Tamice la harina sobre un cuenco y añada la mantequilla en trocitos. Frote la mantequilla con la harina con los dedos, hasta que obtenga una especie de migas de pan. Añada el queso y las hierbas mezcladas. Haga un agujero en el centro, añada la leche y mezcle con una paleta hasta que todo esté combinado. Haga una bola, divídala en 8 partes y luego forme albóndigas con cada parte.

3 Añada las albóndigas a la sopa, tape y deje cocer a fuego lento 20 minutos o hasta que al pinchar una con una broqueta ésta salga limpia.

Añada el cilantro a la mezcla de garbanzos que está a fuego lento.

Incorpore la leche a la mezcla de las albóndigas y remueva con una paleta.

Pinche una albóndiga para comprobar si están cocidas por dentro.

Terrina de cuscús con hortalizas

TIEMPO DE PREPARACIÓN: 20 minutos

+ tiempo para enfriar + 1 noche en el frigorífico

TIEMPO DE COCCIÓN: 10 minutos

Para 6 personas

1 litro de caldo de verduras
500 g de cuscús instantáneo
30 g de mantequilla
3 cucharadas de aceite de oliva
2 dientes de ajo picados
1 cebolla finamente picada
1 cucharada de cilantro molido
1 cucharadita de canela molida
1 cucharadita de *garam masala*
250 g de tomates cereza cuarteados
1 calabacín a dados
130 g de maíz enlatado en grano escurrido
8 hojas grandes de albahaca
150 g de pimientos secados al sol en aceite
60 g extra de albahaca fresca picada
80 ml de zumo de naranja
3 cucharadas de perejil fresco picado
1 cucharada de zumo de limón
1 cucharadita de miel
1 cucharadita de comino molido

1 Lleve el caldo a ebullición. Ponga el cuscús y la mantequilla en un cuenco, cubra con el caldo y deje reposar 10 minutos.

2 Caliente 1 cucharada de aceite en una sartén y sofría el ajo y la cebolla a fuego lento 5 minutos. Añada las especias y fríalas 1 minuto. Retire la mezcla de la sartén.

3 Añada el resto del aceite a la sartén y fría los tomates, el calabacín y el maíz a fuego vivo hasta que estén tiernos.

4 Forre un molde para pan de 3 litros de capacidad con película de plástico, dejando que sobresalga por los lados. Coloque la albahaca en el fondo formando 2 flores. Escurra los pimientos, reserve 2 cucharadas del aceite y píquelos. Añada la mezcla de cebolla, la mezcla de tomate, el pimiento y la albahaca restante al cuscús y mezcle. Deje enfriar.

5 Presione la mezcla dentro del molde y cubra con el plástico. Ponga latas encima y refrigere toda la noche.

6 Coloque el resto de los ingredientes y los pimientos reservados en un frasco con tapa de rosca y agite. Desmolde la terrina y vierta encima el aliño antes de servir.

Coloque las hojas de albahaca en el fondo formando una flor.

Mezcle la cebolla, las verduras, la albahaca y el cuscús.

Curry verde con boniatos y berenjenas

TIEMPO DE PREPARACIÓN: 15 minutos

TIEMPO DE COCCIÓN: 25 minutos

Para 4-6 personas

1 cucharada de aceite

1 cebolla picada

1-2 cucharadas de pasta de curry verde

1 berenjena cuarteada y en rodajas

375 ml de leche de coco

250 ml de caldo de verduras

6 hojas de lima kaffir o cafre

1 boniato en dados

2 cucharaditas de azúcar moreno

2 cucharadas de zumo de lima

2 cucharaditas de ralladura de lima

1 Caliente el aceite en una sartén grande o wok. Añada cebolla y la pasta de curry, y fría a fuego medio 3 minutos removiendo constantemente. Añada la berenjena y fríala de 4 a 5 minutos más o hasta que esté blanda. Vierta la leche de coco y el caldo, y lleve ebullición; a continuación reduzca el fuego y deje cocer a fuego lento 5 minutos. Añada las hojas de lima y el boniato, y cueza 10 minutos removiendo con frecuencia, o hasta que las hortalizas estén tiernas.

2 Mezcle el azúcar, el zumo y la ralladura de lima con las hortalizas. Sazone al gusto. Decore con unas hojas de cilantro y hojas de lima extra si lo desea y acompañe con arroz hervido.

Cuarte las berenjenas con un cuchillo afilado y luego córtelas en rodajas.

Saltee la cebolla y la pasta de curry a fuego medio 3 minutos.

Cueza, removiendo de vez en cuando, hasta que las hortalizas estén tiernas.

Pan de setas y frutos secos con salsa de tomate

TIEMPO DE PREPARACIÓN: 25 minutos
TIEMPO DE COCCIÓN: 50 minutos
Para 6 personas

2 cucharadas de aceite de oliva
1 cebolla grande en dados
2 dientes de ajo picados
300 g de setas finamente picadas
200 g de anacardos
200 g de nueces de Brasil
125 g de queso cheddar o gruyère rallado
25 g de queso parmesano rallado
1 huevo ligeramente batido
2 cucharadas de cebollino fresco picado
80 g de pan integral fresco rallado
1 ½ cucharadas de aceite de oliva extra
1 cebolla extra picada finamente
1 diente de ajo extra picado
400 g de tomate picado enlatado
1 cucharada de tomate concentrado
1 cucharadita de azúcar blanquilla

1 Precaliente el horno a 180 ºC. Engrase un molde de 14 x 21 cm y fórrelo con papel sulfurizado. Caliente el aceite en una sartén y fría la cebolla, el ajo y las setas a fuego medio de 2 a 3 minutos o hasta que se ablanden. Deje enfriar.

2 Triture los frutos secos en el robot sin que queden aceitosos.

3 Bata el huevo y mézclelo con los quesos, las setas, el cebollino y el pan rallado. Vierta la mezcla en el molde y hornee 45 minutos o hasta que esté firme. Deje reposar 5 minutos antes de desmoldar.

4 Caliente el aceite extra en una sartén y añada la cebolla y el ajo. Sofríalos a fuego lento 5 minutos o hasta que estén blandos. Añada la pasta, el tomate, el azúcar y 80 ml de agua. Deje cocer de 3 a 5 minutos a fuego lento o hasta que la salsa se espese.

Triture los frutos secos en el robot.

Presione la mezcla de setas y frutos secos en el molde.

Cueza la salsa de tomate a fuego lento hasta que espese.

Tarta de hortalizas con salsa verde

TIEMPO DE PREPARACIÓN: 30 minutos
+ 30 minutos de refrigeración
TIEMPO DE COCCIÓN: 50 minutos
Para 6 personas

215 g de harina
120 g de mantequilla fría en dados
60 ml de crema de leche
1-2 cucharadas de agua helada
1 250 g de patatas cortados en dados
  de 2 cm
1 cucharada de aceite de oliva
2 dientes de ajo picados
1 pimiento rojo cortado en dados
1 cebolla roja cortada en anillos
2 calabacines cortados en rodajas
2 cucharadas de eneldo fresco picado
1 cucharada de tomillo fresco picado
1 cucharada de alcaparras míni escurridas
150 g de corazones de alcachofas
  en conserva, escurridas
30 g de hojas de espinacas míni

Salsa verde

1 diente de ajo
40 g de perejil fresco picado
80 ml de aceite de oliva vírgen extra
3 cucharadas de eneldo fresco picado
1 ½ cucharadas de mostaza de Dijon
1 cucharada de vinagre de vino rojo
1 cucharada de alcaparras míni escurridas

1 Tamice la harina y ½ cucharadita de sal en un cuenco grande. Añada la mantequilla y frótela con la harina con los dedos hasta que parezca migas de pan. Añada la crema y el agua y mezcle con una espátula hasta que la masa se cohesione. Ponga la masa sobre la superficie de trabajo enharinada. Déle forma de bola y aplástela, envuélvala en película de plástico y refrigérela 30 minutos.

2 Precaliente el horno a 220 °C. Engrase un molde de base desmontable. Extienda la masa entre 2 láminas de papel sulfurizado lo suficientemente grandes para que cubran el molde. Quite el papel e invierta la masa en el molde. Utilice una pequeña bola de masa para presionar la masa contra el molde.

Mezcle con una espátula hasta que la masa empiece a cohesionarse.

Retire el papel y utilice un rodillo para invertir la masa en el molde.

Hornee la masa hasta que esté seca y dorada.

Deslice un rodillo sobre el molde para recortar el exceso de pasta de los bordes. Cubra la pasta con un trozo de papel de hornear y añada peso para alisar la superficie. Ponga el molde sobre una placa para horno y hornee de 15 a 20 minutos. Quite el papel y las bolitas, baje la temperatura a 180 °C y hornee 20 minutos o hasta que la torta esté dorada.

3 Para la salsa verde: Mezcle todos los ingredientes en el robot hasta obtener una mezcla bastante homogénea.

4 Cueza las patatas hasta que estén tiernas. Escúrralas. Caliente el aceite en una sartén y fría el ajo, el pimiento y la cebolla a fuego medio 3 minutos, removiendo con frecuencia. Añada el calabacín, el eneldo, el tomillo y las alcaparras; fría 3 minutos. Baje el fuego al mínimo, añada las patatas y las alcachofas hasta que estén calientes. Sazone.

5 Por último, vierta 60 ml de la salsa verde sobre el fondo de tarta. Pase la mezcla de hortalizas al molde y rocíe con el resto de la salsa. Ponga las espinacas en el centro y rocíe con el resto de la salsa.

Cueza las hortalizas hasta que la patata y las alcachofas estén calientes.

Extienda un poco de la salsa verde sobre el fondo de la tarta.

Ponga las espinacas en el centro sobre las verduras.

Hortalizas especiadas con guisantes

TIEMPO DE PREPARACIÓN: 25 minutos

+ 2 horas de remojo

TIEMPO DE COCCIÓN: 1 hora 35 minutos

Para 4-6 personas

Guisantes

165 g de guisantes amarillos partidos

50 g de jengibre rallado

2-3 dientes de ajo picados

1 chile rojo sin semillas y picado

3 tomates

2 cucharadas de aceite

2 cucharadita de semillas de mostaza amarilla

1 cucharadita de semillas de comino

1 cucharadita de comino molido

½ cucharadita de *garam masala*

1 cebolla roja cortada en gajos pequeños

2 berenjenas finas cortadas en láminas de 2 cm

2 zanahorias cortada en trozos de 2 cm

¼ coliflor cortada en ramitos

375 ml de caldo de verduras

2 calabacines cortados en rodajas de 3 cm

80 g de guisantes congelados

15 g de hojas de cilantro fresco

1 Ponga los guisantes amarillos partidos en un cuenco, cúbralos con agua y déjelos en remojo 2 horas. Escúrralos. Póngalos en una cacerola con el jengibre, el ajo, el chile y 750 ml de agua. Lleve a ebullición, reduzca el calor y cueza a fuego lento 45 minutos o hasta que estén blandos.

2 Haga un corte en forma de cruz en la base de los tomates, sumérjalos en agua hirviendo 2 minutos, luego en agua fría y pélelos desde la cruz. Quite las semillas y córtelos.

3 Caliente el aceite en una sartén grande. Cueza las especias a fuego medio 30 segundos, o hasta que estén fragantes. Añada la cebolla y sofríala 2 minutos más o hasta que esté blanda. Añada el tomate, las berenjenas, la zanahoria y la coliflor.

4 Añada el puré de lentejas y el caldo y deje cocer a fuego lento y tapado 45 minutos o hasta que las hortalizas estén tiernas. Remueva con frecuencia. Añada los calabacines y los guisantes en los últimos 10 minutos de cocción. Espolveree con el cilantro y sirva caliente.

Pele los tomates desde la cruz, quíteles las semillas y píquelos.

Cueza los guisantes a fuego lento hasta que estén tiernos.

Deje cocer todo 45 minutos o hasta que las hortalizas estén tiernas.

Bolitas de *risotto* al hinojo rellenas de queso

TIEMPO DE PREPARACIÓN: 30 minutos

+ 1 hora de refrigeración

TIEMPO DE COCCIÓN: 50 minutos

Para 4-6 personas

1,5 litros de caldo de verduras
1 cucharada de aceite
30 g de mantequilla
2 dientes de ajo picados
1 cebolla finamente picada
1 cabeza de hinojo finamente picado
1 cucharada de vinagre balsámico
125 ml de vino blanco
660 g de arroz arborio o de calasparra
50 g de queso parmesano rallado
25 g de cebollino fresco cortado
1 huevo ligeramente batido
150 g de tomates secados al sol picados
100 g de mozzarella en dados
80 g de guisantes congelados, descongelados
harina para espolvorear
3 huevos extra ligeramente batidos
200 g de pan rallado seco
aceite para freír

1 Caliente el caldo en una cacerola, tape y cueza a fuego lento.

2 Caliente el aceite y la mantequilla en una cacerola y sofría el ajo y la cebolla a fuego medio 3 minutos. Añada el hinojo y sofríalo 10 minutos. Agregue el vinagre y el vino, suba el fuego y hierva hasta que el líquido se evapore. Añada el arroz y remueva 1 minuto hasta que esté transparente.

3 Añada 125 ml de caldo caliente y remueva constantemente a fuego medio hasta que el líquido se evapore. Continúe añadiendo caldo, 125 ml cada vez, cada 20 o 25 minutos sin dejar de remover hasta que el caldo se absorba y el arroz quede tierno y cremoso. Añada el queso parmesano, el cebollino, el huevo y el tomate. Transfiera a un cuenco, tape y deje enfriar.

4 Coloque el mozzarella y los guisantes en un cuenco y tritúrelos. Sazone.

5 Con las manos húmedas, forme 14 bolas iguales con el *risotto*. Aplástelas un poco y haga un hueco en el centro. Coloque un cucharadita colmada del puré de guisantes en el hueco y rodéelo con el arroz para formar un bola. Pase las bolas por la harina especiada y luego por el huevo batido y el pan rallado. Colóquelas en una placa forrada con papel de aluminio y refrigérelas 30 minutos.

6 Llene una sartén de fondo grueso ¾ partes de su altura con aceite y caliente hasta que al echar un trozo de pan se dore en 15 segundos. Fría las bolas de *risotto* por tandas de 5 minutos o hasta que estén doradas y crujientes y el queso se haya derretido. Escurra sobre papel de cocina y sazone con sal. Si el queso no se ha derretido ponga las bolas en una placa para horno y hornéelas a 180 °C 5 minutos. Sirva con ensalada o verduras.

Lasaña de calabaza, albahaca y ricotta

TIEMPO DE PREPARACIÓN: 20 minutos
TIEMPO DE COCCIÓN: 1 hora 25 minutos
Para 4 personas

650 g de calabaza
2 cucharadas de aceite de oliva
500 g de ricotta
50 g de piñones tostados
35 g de albahaca fresca
2 dientes de ajo picados
35 g de queso parmesano rallado
125 g de láminas de lasaña frescas
185 g de mozzarella rallada

1 Precaliente el horno a 180 °C. Engrase ligeramente una placa para horno. Corte la calabaza en rodajas de 1 cm y colóquelas formando 1 capa sobre la placa. Pincele con aceite y hornee 1 hora o hasta que la calabaza esté tierna, déle la vuelta a la mitad de la cocción.

2 Mezcle el queso ricotta, los piñones, la albahaca, el ajo y el queso parmesano.

3 Engrase con aceite una fuente refractaria de 20 cm. Hierva la pasta de acuerdo con las instrucciones del envase. Coloque ⅓ de la pasta en la base de la fuente. Vierta la mezcla de queso ricotta. Agregue la mitad de la lasaña restante.

4 Coloque la calabaza de manera uniforme sobre la pasta intentando que no queden huecos. Sazone y termine con una capa de pasta. Espolvoree el mozzarella y hornee de 20 a 25 minutos o hasta que el queso esté dorado. Deje enfriar 10 minutos y corte la lasaña en porciones cuadradas.

Mezcle el queso ricotta, los piñones, la albahaca, el ajo y el queso parmesano.

Hierva la pasta según las instrucciones del envase hasta que esté al dente.

Coloque los trozos de calabaza muy juntos encima de la capa de pasta.

Moussaka de judías de soja

TIEMPO DE PREPARACIÓN: 25 minutos

TIEMPO DE COCCIÓN: 1 hora

Para 4 personas

2 berenjenas
1 cucharada de aceite
1 cebolla finamente picada
2 dientes de ajo picados
2 tomates maduros pelados sin semillas
  y picados
2 cucharaditas de tomate concentrado
½ cucharadita de orégano
125 ml de vino blanco seco
300 g de judías de soja enlatadas, escurridas
  y lavadas
3 cucharadas de perejil fresco picado
30 g de mantequilla
2 cucharadas de harina
una pizca de nuez moscada molida
315 ml de leche
40 g de queso cheddar o gruyère rallado

1 Precaliente el horno a 180 °C. Corte las berenjenas por la mitad y saque la carne con una cuchara, dejando un borde de 1,5 cm. Colóquelas en una fuente de horno grande con el interior hacia arriba. Mantenga las mitades en la posición correcta poniendo papel de aluminio arrugado entre las mitades.

2 Caliente el aceite en una sartén. Fría la cebolla y el ajo a fuego medio 3 minutos o hasta que esté blanda. Añada el tomate picado, el concentrado, el orégano y el vino. Hierva 3 minutos o hasta que el líquido se reduzca y el tomate se ablande. Añada las judías de soja y el perejil.

3 Para la salsa: Derrita la mantequilla en una sartén. Añada la harina y cuézala 1 minuto a fuego vivo o hasta que empiece a perder color y se forme espuma. Retírela del fuego y añada poco a poco la nuez moscada y la leche. Vuelva a poner al fuego y remueva constantemente hasta que la salsa hierva y se espese. Mezcle a fondo ⅓ de la bechamel con la salsa de tomate.

4 Ponga el relleno en las mitades de berenjena. Alise la superficie antes de agregar el resto de la salsa por encima y espolvoree con el queso. Hornee 50 minutos o hasta que el relleno esté cocido. Sirva este plato caliente acompañado de ensalada, si lo desea.

Vacíe la carne de las berenjenas dejando un borde alrededor.

Añada las judías de soja y el perejil a la mezcla de tomate y remueva.

Guiso de verduras con albóndigas de hierbas

TIEMPO DE PREPARACIÓN: 30 minutos

TIEMPO DE COCCIÓN: 50 minutos

Para 4 personas

1 cucharada de aceite de oliva
1 cebolla grande picada
2 dientes de ajo picados
2 cucharaditas de pimentón dulce
1 patata grande picada
1 zanahoria grande en rodajas
400 g de tomate triturado enlatado
375 ml de caldo de verduras
400 g de boniatos cortados en dados
   de 1,5 cm
150 g de brécoles cortados en ramitos
2 calabacines en rodajas
125 g de harina con levadura
20 g de mantequilla fría en dados
2 cucharaditas de perejil picado
1 cucharadita de tomillo fresco
1 cucharadita de romero fresco picado
80 ml de leche
2 cucharadas de crema agria

1 Caliente el aceite en una cacerola y añada la cebolla. Fría a fuego lento, removiendo de vez en cuando, 5 minutos o hasta que se ablande. Añada el ajo y el pimentón y fría, sin dejar de remover 1 minuto.

2 Añada la patata, la zanahoria, el tomate y el caldo. Lleve a ebullición, baje el fuego y deje cocer, tapado y a fuego lento 10 minutos. Añada el boniato, el brécol y el calabacín, y deje cocer a fuego lento 10 minutos o hasta que los ingredientes estén tiernos. Precaliente el horno a 200 ºC.

3 Tamice la harina con una pizca de sal en un cuenco y añada la mantequilla. Deshaga la mantequilla con la harina ayudándose con los dedos hasta que la mezcla parezca migas de pan. Añada las hierbas y haga un hueco en el centro. Vierta la leche y mezcle con una espátula, como si quisiera cortar la masa, hasta que se formen bolitas pequeñas. Haga una bola con la masa y pásela a la superficie de trabajo previamente enharinada. Divídala en 8 partes y forme 1 bola con cada una.

4 Añada la crema agria a la cacerola. Transfiera la mezcla a una fuente refractaria de 2 litros y ponga encima las albóndigas. Hornee 20 minutos o hasta que estén doradas y al pincharlas con una broqueta ésta salga limpia.

Cueza las hortalizas hasta que estén tiernas.

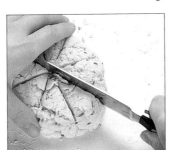

Divida la masa en 8 partes iguales.

Terrina de berenjena y espinacas

TIEMPO DE PREPARACIÓN: 1 hora

+ 1 noche de refrigeración

TIEMPO DE COCCIÓN: 55 minutos

Para 6 personas

2 pimientos rojos grandes
1 patata vieja grande cortada por la mitad
40 g de mantequilla
2 dientes de ajo picados
800 g de hojas de espinacas cortadas
60 ml de crema de leche
1 yema de huevo
80 ml de aceite de oliva
2 berenjenas cortadas en lonchas
   longitudinales
30 g de albahaca fresca
350 g de queso ricotta
2 dientes de ajo extra picados

1 Corte los pimientos en trozos grandes, quíteles las semillas y la membrana blanca. Áselos al grill, con la piel hacia arriba, hasta que se chamusquen y aparezcan burbujas en la piel. Pélelos.

2 Precaliente el horno a 180 °C. Engrase y forre con papel sulfurizado un molde de 1,5 litro. Ponga a hervir agua salada en una cacerola y cueza la patata 10 minutos. Escúrrala, déjela enfriar y córtela en rodajas finas.

3 Derrita la mantequilla en una cacerola grande y fría el ajo 30 segundos. Añada las espinacas y remueva. Cuézalas tapadas al vapor de 2 a 3 minutos o hasta que estén blandas. Déjelas enfriar un poco y tritúrelas en el robot. Deseche el exceso de líquido y póngalo en un cuenco con la crema y los huevos.

4 Caliente la parrilla o la plancha a fuego vivo y engrásela con un poco de aceite. Ase la berenjena de 2 a 3 minutos por lado o hasta que esté dorada, pincelándola con ⅓ el resto del aceite.

5 Por último, coloque ⅓ de la berenjena en la base del molde, cortándola para que encaje. Ponga encima la mitad de los pimientos formando 1 capa, la mezcla de espinacas, la albahaca, todas las patatas, el queso ricotta y el ajo. Repita con el resto de ingredientes, culminando con la berenjena. Engrase un trozo de papel de aluminio y tape el molde. Colóquelo sobre una fuente refractaria con agua hasta la mitad. Hornee de 25 a 30 minutos. Saque del horno, ponga un trozo de cartón encima y presione con latas. Deje enfriar toda la noche.

6 Desmolde y corte en porciones.

Triture la mezcla de espinacas hasta que esté homogénea.

Extienda 1 capa de espinacas sobre la segunda capa de pimientos.

Tarta Tatin de pisto

TIEMPO DE PREPARACIÓN: 45 minutos

+ 20 minutos de refrigeración

TIEMPO DE COCCIÓN: 50 minutos

Para 6 personas

185 g de harina común
90 g de mantequilla troceada
1 huevo
1 cucharada de aceite
20 g extra de mantequilla
2 calabacines cortados en rodajas
   longitudinales
250 g de berenjenas cortadas en dados de 2 cm
1 pimiento verde cortado en dados de 2 cm
1 pimiento rojo cortado en dados de 2 cm
1 cebolla roja grande cortada en dados de 2 cm
250 g de tomates cereza, cortados por la mitad
2 cucharadas de vinagre balsámico
60 g de queso cheddar rallado
300 g de nata agria
60 g de pesto

1 Tamice la harina en un cuenco. Añada la mantequilla y deshágala con la harina con los dedos hasta que la mezcla parezca migas de pan. Haga un hueco en el centro, añada el huevo y 2 cucharadas de agua si la masa quedara demasiado seca, y mezcle con una espátula como si quisiera cortar la masa, hasta que se cohesione. Coloque la masa sobre la superficie de trabajo enharinada. Haga con ella una bola, presiónela un poco, envuélvala en película de plástico y refrigérela 20 minutos.

2 Precaliente el horno a 200 °C. Engrase y forre con papel sulfarizado un molde para tarta de 25 cm. Caliente el aceite y la mantequilla extra en una sartén y fría el calabacín, la berenjena, los pimientos y la cebolla a fuego vivo 8 minutos o hasta que estén tiernos. Añada los tomates y el vinagre, y cuezca de 3 a 4 minutos más.

3 Coloque el molde en una placa de horno, disponga los ingredientes en el molde y espolvoree el queso por encima. Extienda la masa entre 2 láminas de papel para hornear y forme un círculo de 28 cm. Retire el papel e invierta la masa sobre el molde y el relleno. Presione la masa sobre los bordes del relleno. Hornee de 30 a 35 minutos (se formará un poco de líquido), y deje reposar de 1 a 2 minutos. Desmolde sobre una fuente. Mezcle la crema agria y el pesto. Sirva esta salsa con la tarta.

Añada los tomates cereza y el vinagre, y cuezca de 3 a 4 minutos.

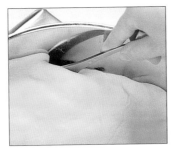

Use de una cuchara para esconder la masa entre las paredes del molde.

Pastel de espinacas

TIEMPO DE PREPARACIÓN: 45 minutos

+ 1 hora de refrigeración

TIEMPO DE COCCIÓN: 55 minutos

Para 6 personas

Pasta

250 g de harina común

30 g de mantequilla fría troceada

60 ml de aceite de oliva

Relleno

500 g de hojas de espinacas

2 cucharaditas de aceite de oliva

1 cebolla finamente picada

3 cebollas tiernas finamente picadas

200 g de queso feta desmenuzado

2 cucharadas de perejil picado

1 cucharada de eneldo fresco picado

2 cucharadas de queso kefalotyri rallado

50 g de arroz blanco hervido

40 g de piñones tostados y ligeramente picados

¼ cucharadita de nuez moscada molida

½ cucharadita de comino molido

3 huevos ligeramente batidos

1 Engrase ligeramente un molde bajo de 17 x 26 cm. Para la pasta tamice la harina y ½ cucharadita de sal en un cuenco. Añada la mantequilla y mézclela con los dedos con la harina hasta obtener una especie de migas. Haga un hueco en el centro y añada el aceite. Mezcle con las manos. Vierta 125 ml de agua caliente y mezcle con una espátula, como si intentara cortar la pasta, hasta que ésta se cohesione. Haga una bola con la pasta y pásela a la superficie de trabajo enharinada. Presiónela un poco para aplanarla. Envuélvala en película de plástico y refrigérela 1 hora.

2 Lave las espinacas, y córtelas en trozos. Envuélvalas en un paño para secarlas. Caliente el aceite en una sartén, añada la cebolla y las cebollas tiernas y sofríalas a fuego lento sin que se quemen 5 minutos o hasta que se ablanden. Colóquelas en un cuenco con las espinacas y el resto de los ingredientes del relleno y mezcle. Sazone.

3 Precaliente el horno a 200 °C. Extienda la pasta entre 2 láminas de papel sulfarizado, retire la lámina superior e invierta la pasta en el molde, de manera que el exceso sobresalga por las paredes. Vierta el relleno con una cuchara. Extienda el resto de la pasta lo suficiente para cubrir el molde. Colóquela sobre el relleno y presione los bordes para rellenarlos. Recorte el exceso de pasta. Píncelela con aceite y trace rombos con un cuchillo sobre la superficie. Haga 2 hendiduras en la parte superior para que el vapor pueda escapar.

4 Hornee de 45 a 50 minutos cubriendo con papel de aluminio si la superficie se oscureciera demasiado. La tarta estará lista cuando se desplace con suavidad dentro del molde al agitarla suavemente. Desmolde el pastel sobre una rejilla y déjelo reposar 10 minutos; córtelo en trozos y sírvalo.

BLUME

Título original:
Hearty Vegetarian

Traducción:
Clara E. Serrano Pérez

Revisión y adaptación de la edición en lengua española:
Ana María Pérez Martínez
Especialista en temas culinarios

Coordinación de la edición en lengua española:
Cristina Rodríguez Fischer

Primera edición en lengua española 2004
Reimpresión 2005

© 2004 Naturart, S.A. Editado por Blume
Av. Mare de Déu de Lorda, 20
08034 Barcelona
Tel. 93 205 40 00 Fax 93 205 14 41
E-mail: info@blume.net
© 2004 Murdoch Books, Sídney (Australia)

I.S.B.N.: 84-8076-537-2

Impreso en China

CONSULTE EL CATÁLOGO DE PUBLICACIONES *ON-LINE*
INTERNET: HTTP://WWW.BLUME.NET